BEI GRIN MACHT SICH IHR WISSEN BEZAHLT

- Wir veröffentlichen Ihre Hausarbeit, Bachelor- und Masterarbeit

- Ihr eigenes eBook und Buch - weltweit in allen wichtigen Shops

- Verdienen Sie an jedem Verkauf

Jetzt bei www.GRIN.com hochladen und kostenlos publizieren

Bibliografische Information der Deutschen Nationalbibliothek:

Die Deutsche Bibliothek verzeichnet diese Publikation in der Deutschen Nationalbibliografie; detaillierte bibliografische Daten sind im Internet über http://dnb.d-nb.de/ abrufbar.

Dieses Werk sowie alle darin enthaltenen einzelnen Beiträge und Abbildungen sind urheberrechtlich geschützt. Jede Verwertung, die nicht ausdrücklich vom Urheberrechtsschutz zugelassen ist, bedarf der vorherigen Zustimmung des Verlages. Das gilt insbesondere für Vervielfältigungen, Bearbeitungen, Übersetzungen, Mikroverfilmungen, Auswertungen durch Datenbanken und für die Einspeicherung und Verarbeitung in elektronische Systeme. Alle Rechte, auch die des auszugsweisen Nachdrucks, der fotomechanischen Wiedergabe (einschließlich Mikrokopie) sowie der Auswertung durch Datenbanken oder ähnliche Einrichtungen, vorbehalten.

Impressum:

Copyright © 2015 GRIN Verlag
Druck und Bindung: Books on Demand GmbH, Norderstedt Germany
ISBN: 9783668624092

Dieses Buch bei GRIN:

https://www.grin.com/document/387604

Irina Koch

Wie kommt man heute an Informationen über "blat", das in den 70er Jahren in der Sowjetunion herrschte?

GRIN Verlag

GRIN - Your knowledge has value

Der GRIN Verlag publiziert seit 1998 wissenschaftliche Arbeiten von Studenten, Hochschullehrern und anderen Akademikern als eBook und gedrucktes Buch. Die Verlagswebsite www.grin.com ist die ideale Plattform zur Veröffentlichung von Hausarbeiten, Abschlussarbeiten, wissenschaftlichen Aufsätzen, Dissertationen und Fachbüchern.

Besuchen Sie uns im Internet:

http://www.grin.com/

http://www.facebook.com/grincom

http://www.twitter.com/grin_com

Essay zum Thema:

Wie kommt man heute an Informationen über „blat", das in den 70er Jahren in der Sowjetunion herrschte?

Irina Koch

Inhaltsverzeichnis

1. Einleitung 3
2. Ursprung und Entstehung des Begriffs „blat" 3
3. Beispiele von „blat" 4
4. Einige positive und negative Aspekte über „blat" 5
5. Tagebücher 5
6. Interviews mit Zeitzeugen 6
7. Schwierigkeiten bei der Suche nach Zeitzeugen 7
8. Andere Recherchequellen zum Thema „blat" 8
9. Fazit 8
Literaturverzeichnis 10

1. Einleitung

In dem folgenden Absätzen möchte ich gerne den Begriff „blat" definieren und werde kurz beschreiben wie „blat" in den 70er Jahren in der Sowjetunion funktionierte, wer davon profitierte und in welchem Ausmaß es praktiziert wurde.

Insbesondere werde ich versuchen Methoden herauszuarbeiten, mit denen man heut- zutage an Informationen über das damalige „blat" herausbekommt. Sei es durch Befragung von Zeitzeugen oder durch andere archivierte Dokumente. Ich möchte gerne versuchen herauszufinden, welche Methode am besten dafür geeignet ist und was die Menschen damals über „blat" gedacht haben.

2. Ursprung und Entstehung des Begriffs „blat"

Zuerst möchte ich gerne näher auf den Begriff „blat" eingehen. Die Begriffsprägung entstand in der Zeit von Ekaterina II. Sie erließ damals den deutschen Rückkehrern nach Russland die Wehrpflicht, Gefängnisstrafen und erteilte andere Privilegien. Sie selbst war auch eine Deutsche und handelte aus Solidarität zu ihrer Heimat. Diese Bevorzugungen im Vergleich zu den in Russland lebenden Russen, die dies alles nicht bekamen, nannte man „blat".[1]

Der Begriff „blat" hat seinen Ursprung daher aus dem Deutschen und entstand damals in der Zeit in der Sowjetunion, in der Konsumgüter sehr knapp waren und nur durch bestimmte Beziehungen zu erhalten waren.

„Blat" war früher etwas, was man als eine Art „Währung" beschreiben könnte. In einer Mangelwirtschaft, wie damals in der Sowjetunion, war es schwierig durch reine Selbstversorgung zu überleben.

Die Menschen bekamen entweder keine Löhne, stattdessen bekamen sie Lebensmittelgüter von ihrem Arbeitgeber, oder der Lohn kam verspätet oder wurde nur teilweise ausbezahlt. Das führte natürlich dazu, dass Geld aus anderen Quellen beschafft werden musste, um seine Familien ernähren zu können. Es wurden illegale Nebenverdienste praktiziert, wobei Dienstleistungen gegen Geld oder ein Austausch von knappen Waren angeboten wurden. Man knüpfte Beziehungen zu Leuten unter dem Deckmantel einer Freundschaft, damit es nicht nach Bestechung aussah.

---

[1] Riewe Kai (2010): Interdependenz wirtschaftlicher und gesellschaftlicher Transformation. Das ökonomische Potenzial sozialen Kapitals am Beispiel der Russischen Föderation. Berlin: Logos Verlag Berlin

Man musste die richtigen Leute kennen, um an knappe Waren oder besondere Dienstleistungen zu kommen, um sich dadurch einen Vorteil zu verschaffen. Es fand sozusagen ein Austausch zwischen zwei oder mehreren Parteien statt, der den beteiligten Personen Vorteile verschaffte. Hatte jemand eine Dienstleistung oder eine Ware unter der Hand bekommen, stand er sozusagen in der Schuld des anderen und musste dieser Person entweder eine direkte Gegenleistung anbieten oder musste die Schuld zu einem anderen Zeitpunkt, auch durch dritte Beteiligte möglich, begleichen.

3. Beispiele von „blat"

Wollte jemand zum Beispiel seine Kinder an eine bestimmte Universität schicken oder benötigte er eine gute Schulnote, damit sie die Prüfungen bestehen, konnte er dies ohne großen Aufwand tun, indem er dem Professor eine Gegenleistung anbietet oder ihn einfach mit Geld besticht. Dies war damals, sowie auch teilweise heute noch eine gängige Praxis.[2]

War früher aufgrund der Konsumknappheit vielmehr der Verkauf von Waren unter der Hand weit verbreitet, sind es heute eher die wirtschaftlichen und politischen Beziehungen, in denen sowas wie „blat" noch praktiziert wird. Hohe Staatsposten werden untereinander weitergereicht und lukrative Wirtschaftsbeziehungen ziehen gegenseitigen Nutzen von sich. Jeder profitiert von jedem. Der Kreis, der von „blat" profitierte, war aber begrenzt, da man bereits vorhandene Beziehungen haben musste, um durch sie an Vorteile zu kommen. Es war schwer für Menschengruppen, die aus sozial schwachen Verhältnissen kamen, in bereits bestandene Bekanntennetzwerke reinzukommen, da sie keine Gegenleistung anbieten konnten und daher wirtschaftlich gesehen nutzlos waren.[3]

---

[2] http://www.spiegel.de/unispiegel/studium/bestechung-an-russischen-universitaeten-mit-rubeln-zum-erfolg-a-895931.html
[3] http://www.buergerimstaat.de/23_01/russland11.htm

4. Einige positive und negative Aspekte über „blat"

„Blat" hatte sowohl positive wie auch negative Aspekte, die ich hier gerne aufgreifen möchte.

Berichte von Zeitzeugen beschreiben „blat" sogar als „warm" und „menschlich"[1]. Da das Vertrauen an den Staat nicht mehr so stark war, war man auf gegenseitige Hilfe angewiesen. Man nahm sein Schicksal selbst in die Hand. Damals war man auf verbindliche Netzwerke angewiesen. Alles geschah natürlich unter der Hand, aber es entstand ein Gefühl der Solidarität und ein Gemeinschaftsgefühl in der Gesellschaft, das vielen Hoffnung und ein positives Gefühl verschaffte, nicht mehr vom Staat abhängig zu sein. [4]

Was aber ein negativer Aspekt von „blat" ist, ist natürlich die Korruption von Staats-bediensteten. Der Rechtsstaat erfüllte seine Funktion als solches nur bedingt. Man konnte wegen nichts verhaftet werden, aber auch trotz offensichtlicher Beweise freigesprochen werden. Alles durch gewisse Kontakte von oben.

Bei vielen Menschen verursachte offen gezeigter Wohlstand oft Neid und Missgunst. Die Schere zwischen arm und reich wurde immer grösser. Die Reichen wurden dadurch nur noch reicher und die Armen mussten zugucken wie sie klarkommen. [5]

5. Tagebücher

Wie kann man heutzutage also belegen, dass es sowas wie „blat" überhaupt gab? Damals war es verpönt über seine Beziehungen zu reden, da man natürlich Angst hatte, dass man dadurch seine Kontakte verliert und sich dadurch eventuell strafrechtliche Konsequenzen daraus ziehen könnten, weil alles illegal passierte.

Anhand von Tagebüchern lässt sich ganz gut belegen, dass es sowas wie „blat" damals gab. Tagebücher sind einerseits schriftliches Beweismaterial aus der damaligen Zeit und stammen von echten Zeitzeugen.

---

[4] https://books.google.de/books?id=T6kBBQAAQBAJ&pg=PA87&dq=Alltagsbeobachtung+als+Subversion:+blat&hl=de&sa=X&ei=nq0aVeHwEMLVavT8geAB&ved=0CCEQ6AEwAA#v=onepage&q=Alltagsbeobachtung%20als%20Subversion%3A%20blat&f=false

[5] http://www.buergerimstaat.de/23_01/russland11.htm

Die Verfasser mussten sich damals sowieso nicht fürchten, dass ihre Schriftstücke von irgendjemandem entdeckt wurden, da sie in Regel geheim verfasst wurden und daher kann man davon ausgehen, dass alles was in den Tagebüchern geschrieben wurde überwiegend der Wahrheit entsprach.

Bei Tagebucheinträgen müsste man außerdem recherchieren, wer der Verfasser dieses Tagebuches ist, aus welcher Schicht kommt er oder sie, welche Stellung in der Gesellschaft hatte sie und eventuell, ob der Verfasser noch lebt.

Diese Hintergrundrecherche ist wichtig, da jeder eine subjektive Meinung zu diesem Thema hatte, aufgrund derer er manche Ereignisse eventuell anders bewertet. Deshalb ist es wichtig, dass alle Klassenschichten, Altersklassen und bestimmte Fokusgruppen abgedeckt werden, damit ein repräsentatives Ergebnis daraus entstehen kann. Wie bereits oben erwähnt, können unterschiedliche Schichten, verschieden Meinungen zum Thema „blat" haben, die die Auswertung, ob „blat" nun positiv oder negativ betrachet werden kann, verfälschen können. Daher ist es wichtig, sich eine breitgefächerte Auswahl an Informationen zu beschaffen.

Wie kommt man nun zu solchen Tagebüchern?

Entweder man guckt in Archiven nach oder befragt Zeitzeugen von damals, ob sie sowas überhaupt noch besitzen. Dieses könnte problemattisch werden, da die meisten jetzt bereits mindestens über 60 Jahre alt oder älter sein müssten und die wenigsten wahrscheinlich ihre Tagebücher von damals aufbewahrt haben. Viele Menschen, die in der ehemaligen Sowjetunion aufgewachsen sind, haben meist immer noch Angst über manche Sachen, die damals passierten, zu reden, weil sie immer noch irgendwelche negativen Auswirkungen befürchten, wenn sie darüber reden würden. Meist wird nur unter vorgehaltener Hand etwas erzählt und in den meisten Fällen nur über jemanden, den sie kennen, nie von sich selbst.

6. Interviews mit Zeitzeugen

Man kann über verschieden Wege versuchen mit Zeitzeugen von damals Kontakt aufzunehmen. Entweder man hat Glück und kennt jemanden persönlich oder hat jemanden in seiner näheren Umgebung, der etwas über „blat" in den 70er Jahren in der Sowjetunion erzählen kann.

Man kann natürlich auch die modernen Medien wie Facebook oder Twitter nutzen. Aber es ist recht unwahrscheinlich, dass jemand vor allem in Russland, wo viele ältere Menschen nicht mal einen Internetanschluss besitzen, sich auf eine Kontaktanfrage meldet.

Eine Möglichkeit wäre natürlich über die jüngere Generation an die Ältere heranzu-kommen. Man könnte Kontakte zu Facebookusern knüpfen, die wiederum Verwandte oder Großeltern aus der Zeit haben und sie anfragen, ob diese eventuell etwas über „blat" erzählen könnten.

Man muss natürlich versuchen soviele Interviewpartner wie möglich zu befragen, damit man eine gute Einblick in die Materie gewinnen kann und möglichst viele Ansichten zu dem Thema sammeln, sowohl positive wie auch negative. Wichtig dabei ist vor allem auch mehrere Fokusgruppen zu befragen. Dazu zählen Menschen sowohl vom Land, als auch aus der Stadt, verschiedene Altersgruppen, Menschen aus unterschiedlichen Einkommensschichten. An die ganz einflussreichen Politiker oder Unternehmer wird man wahrscheinlich nicht herankommen und schon gar nicht zu diesem Thema, aber man muss versuchen möglichst aus allen Perspektiven über das Thema „blat" berichten zu können.

7. Schwierigkeiten bei der Suche nach Zeitzeugen

Würde zum Beispiel ein Kontakt über Internet zustande kommen, könnte man theoretisch anfragen, ob man die Person zum Thema „blat" interviewen könnte. Ein Interview eines Zeitzeugens ist eine gängige Praxis, wenn man genaue Informationen aus der damaligen Zeit bekommen möchte und eine gute Gelegenheit eventuell über diesen Kontakt andere Zeitzeugen kennen zu lernen. Jemanden aus dem Bekanntenkreis des Interviewpartners.

Zeitzeugen können natürlich genauer schildern, wie damals „blat" praktiziert wurde und ob inweiweit sie dabei selbst beteiligt waren.

Viele mögen vielleicht nicht so gerne darüber reden, weil das meiste illegal passierte und sie nicht gerne damit in Verbindung gebracht werden möchten. Früher wurden Menschen die „blat" praktizierten kriminelle Machenschaften nachgesagt und viele zeigten auch plakativ, dass sie gewisse Kontakte haben. Sei es mit schicken Autos oder anderen Statussymbolen. Dies führte zu einem schlechten Ruf des Begriffs „blat". [6]

---

[6]

https://books.google.de/books?id=T6kBBQAAQBAJ&pg=PA87&dq=Alltagsbeobachtung+als+Subversion:+blat&hl=de&sa=X&ei=nq0aVeHwEMLVavT8geAB&ved=0CCEQ6AEwAA#v=onepage&q=Alltagsbeobachtung%20als%20Subversion%3A%20blat&f=false

Oft wird vergessen, dass auch Menschen mit geringem Einkommen auf „blat" angewiesen waren. Produkte wie Obst oder Schokolade waren Mangelware. Die Menschen mussten sich damals stundenlang bei Supermärkten anstellen, um etwas zu bekommen. „Blat" war nicht nur ein Austausch von Luxusgütern, sondern für manche Menschen überlebensnotwendig.

8. Andere Recherchequellen zum Thema „blat"

Eine andere Quelle, um an Informationen ranzukommen, wäre zum Beispiel die Recherche nach Zeitungsberichten, oder sowas wie Karikaturen, Satire oder Anekdoten aus der damaligen Zeit. In Zeitungsberichten aus den 70er Jahren wird wahrscheinlich nichts über „blat" berichtet worden sein, aber eventuell existieren ausländische Berichterstattungen aus der Zeit oder aber auch spätere Medien könnten darüber berichtet haben.

In Karikaturen, Satiren oder Anekdoten werden oftmals aktuelle politische und gesellschaftliche Themen aufgegriffen. Nach diesen Dokumenten könnte man in Archiven oder Stadtbüchereien suchen und die benötigten Informationen herausarbeiten.

Ansonsten eignet sich das Internet sehr gut, um bestimmte Informationen herauszufinden oder zumindest Kontakte zu Personen aufzunehmen, die bei der Recherche hilfreich sein können.

9. Fazit

Herauszufinden welche Methode nun am besten geeignet ist, um an Informationen über „blat" aus den 70er Jahren zu kommen, ist schwierig. Ich denke es ist eine Mischung aus allen oben genannten Quellen.

Da ich selbst gebürtige Russin bin, konnte ich viele Informationen für mein Essaythema durch Gespräche mit meinen Verwandten und deren Bekannten gewinnen und habe auch durch Eigenerfahrung viel über „blat" mitbekommen. Ob „blat" nun positiv oder negativ zu bewerten ist, kann man so pauschal nicht sagen. Es hängt immer davon ab, ob jemand davon profitiert hat nicht oder nicht. Jeder hat eine subjektive Meinung zu diesem Thema.

Mit viel Glück kann man genug Zeitzeugen aus der damaligen Zeit mithilfe moderner Medien, wie Facebook oder andere bekannte Seiten, finden und mit ihnen Kontakt aufnehmen.

Ich denke die einzige Schwierigkeit besteht darin, erstmal an die richtigen Leute zu kommen. Vor allem ist es wichtig verschieden Meinungen zu diesem Thema einzuholen, um darüber objektiv berichten zu können. Es ist auch schwierig die Glaubwürdigkeit der Interviewpartner einzuschätzen.

Man weiß nicht, ob er sich vielleicht nur wichtigmachen will oder ob er die Wahrheit erzählt. Man sollte sich also nicht nur auf die Aussagen des Interviewpartners verlassen. Vielleicht hat er Dokumente aufbewahrt, die seine Glaubwürdigkeit unterstreichen. Wie z.b. gefälschte Zeugnisse mit denen er an eine gut situierte Stelle gekommen ist oder Geschäftsunterlagen, die anonym veröffentlicht werden könnten, anhand derer man erkennen kann, das „blat" in irgendeiner Weise praktiziert wurde.

Tagebücher eignen sich auch gut für die Recherche über „blat", da sie geheim verfasst werden und die Verfasser ihre Erlebnisse meist zwar subjektiv, aber trotzdem offen und ehrlich niederschreiben. Schriftliche Beweisstücke sind demnach noch aussagekräftiger als zum Beispiel Interviews, da sie direkt in der Zeit, um die es geht, entstanden sind und die Stimmung besser wiedergeben, als ein Interview, das über Geschehnisse vor über 40 Jahren geführt wird.

Die meisten Zeitzeugen müssten demnach über 60 Jahre sein und sich nicht an alles erinnern können. Daher würde ich sogar sagen, dass Tagebücher oder ähnlich Dokumente sich mehr dafür eignen, um nach dem Thema „blat" zu recherchieren. Interviews sind aber trotzdem eine gute Ergänzung dazu.

Man kann dabei Sachen hinterfragen, die unklar sind oder nicht in den Tagebüchern thematisiert wurden und bekommt vielleicht eine andere Perspektive aufgezeigt. Es ist natürlich möglich die geführten Interviews aufzunehmen und zu protokollieren, aber gegenüber den aus der Zeit stammenden Schriftstücken, sind sie als Beweismaterial meiner Meinung nach trotzdem zweitrangig.

Es ist immer besser bei Recherchen mehrere Quellen zu nutzen, da man nur so eine objektive Meinung bilden kann. Es geht nicht darum seine eigene Meinung zu dem Thema zu äußern, sondern die gesammelten Informationen auszuwerten und neutral wiederzugeben.

Literaturverzeichnis

1) Haunhorst, Charlotte (2013): Korruption in Russland - Warum studieren, ich kann doch schmieren. Text abrufbar unter http://www.spiegel.de/unispiegel/studium/bestechung-an-russischen-universitaeten-mit-rubeln-zum-erfolg-a-895931.html

2) Haug, Roland (2001): Korruption und Kleptokratie. Ausmass und Ursachen. In Zeitschrift: *Russland unter Putin,* Heft 2/3 2001.

3) Kostromin, Vlad (2014): Блат в изобилие в СССР. Text abrufbar unter http://maxpark.com/community/5228/content/3116981 (Zugriff am 01.03.2015)

4) Riewe, Kai (2010): Interdependenz wirtschaftlicher und gesellschaftlicher Transformation. Das ökonomische Potenzial sozialen Kapitals am Beispiel der Russischen Föderation. Berlin: Logos Verlag Berlin

5) Sergey 2013 (2013): Когда в СССР появился блат. Text abrufbar unter http://www.dal.by/news/174/10-07-13-23/ (Zugriff am 20.02.2015)

6) Wespe, Aglaia (2014): Alltagsbeobachtung als Subversion: Leningrader Dokumentarfilm im Spätsozialismus. Göttingen: V&R unipress Göttingen
https://books.google.de/books?id=T6kBBQAAQBAJ&pg=PA87&dq=Alltagsbeobachtung+als+Subversion:+blat&hl=de&sa=X&ei=nq0aVeHwEMLVavT8geAB&ved=0CCEQ6AEwAA#v=onepage&q=Alltagsbeobachtung%20als%20Subversion%3A%20blat&f=false (S.85-87)

BEI GRIN MACHT SICH IHR WISSEN BEZAHLT

- Wir veröffentlichen Ihre Hausarbeit, Bachelor- und Masterarbeit

- Ihr eigenes eBook und Buch - weltweit in allen wichtigen Shops

- Verdienen Sie an jedem Verkauf

Jetzt bei www.GRIN.com hochladen und kostenlos publizieren